Quentin Blake

Cuéntame un Cuac

DATE DUE   MAY   2007

DEMCO

Queremos agradecer el apoyo de la
National Gallery's George Beaumont Group.

Editado por acuerdo con la National Gallery Company

Copyright © 2001 Quentin Blake y la National Gallery Company Limited

Diseño de Mick Keates
Cuadro de la cubierta: Giovanni Domenico Tiépolo,
La construcción del caballo de Troya, alrededor de 1760.

Las ilustraciones de la cubierta son de Quentin Blake.

Título original: *Tell Me A Picture*
Adaptación de: José Morán
Fotocomposición: Editor Service, S.L.

Primera edición en lengua castellana para todo el mundo:
© 2005 Ediciones Serres, S. L.
Muntaner, 391 – 08021 – Barcelona
www.edicioneserres.com

ISBN: 84-8488-218-7

Quentin Blake

Cuéntame un Cuadro

ediciones
SerreS

Para Stan y Cynthia

Introducción

Este libro, *Cuéntame un Cuadro,* se publicó como complemento de una exposición que llevaba el mismo título, pero después adquirió vida propia. El libro reproduce una serie de obras maestras de la National Gallery de Londres, seleccionadas por Quentin Blake y acompañadas por sus propias ilustraciones: en ellas aparecen personajes que comentan los cuadros como sólo los niños pueden hacerlo: captando lo realmente esencial de cada imagen.

El premio *Children´s Laureate* –el Laureado por los Niños–, que obtuvo Quentin Blake en su primera convocatoria, supuso un reconocimiento de su oficio como ilustrador y escritor de libros para niños, así como inspirador de otros autores. Entre otras cosas, esta distinción lleva consigo la agradable obligación de dignificar el trabajo de los escritores e ilustradores de libros para niños "de la forma en que el Laureado considere más adecuada". Felizmente para la National Gallery, Blake intuyó en seguida que este ideal se convertiría en realidad si comunicaba a los niños su convicción de que mirar ilustraciones de calidad puede ser el inicio de un viaje que conduce a la fascinación por la pintura. Entonces concibió la idea de montar una exposición que incluyera ambas manifestaciones artísticas –ilustración y pintura–; así nació el proyecto *Cuéntame un Cuadro*.

Desde hace tiempo la National Gallery tiene la certeza de que los niños y los grandes maestros van de la mano. Después de todo, la pintura pertenece a la infancia tanto como a la madurez. Los niños, al contrario de los adultos que los acompañan, miran los cuadros libres de todo prejuicio y dogmas artísticos. No se sienten obligados a que una obra les guste por el hecho de que la haya pintado un señor muy famoso. Olvidan cualquier esquema preconcebido y les atrae lo extraño, lo inesperado, lo misterioso, de forma que su imaginación vuela libre para interpretar a su aire las imágenes y significados de las historias que contemplan en los cuadros. En otras palabras, los niños exploran a todos los niveles la imagen que ha llamado su atención.

Una de las condiciones indispensables para desarrollar la labor como Laureado es la de saber divertirse trabajando. Si hacen falta pruebas de que el candidato cumple este requisito, en este libro hay muchísimas. Les garantizo que la capacidad de disfrutar de Quentin Blake será compartida por todos –da igual la edad– los que miren estas páginas.

Neil MacGregor
Director de la National Gallery

Agradecimientos del autor

Cuéntame un Cuadro no habría sido posible sin el apoyo incondicional del Departamento de Educación de la National Gallery de Londres. Me siento obligado a dar las gracias a todo el personal del museo, y, en particular, a Ghislaine Kenyon, que ha colaborado en la realización de la mayor parte de las fichas de las obras y nos ha prestado una valiosa labor de asesoramiento en la concepción de este libro.

En pocas Palabras

Lo creamos o no mirar imágenes es una parte importante de nuestra vida. Cuando somos niños miramos con mucha atención los dibujos de los libros de cuentos; después, a lo largo de los años, pasan ante nuestros ojos muchas otras imágenes, algunas de las cuales nos gustaría volver a contemplar para hacerlas nuestras. Sin embargo, no siempre es fácil recorrer el camino que lleva desde nuestras primeras imágenes a las que la gente considera que merecen conservarse en museos y galerías de arte. Podemos, con el tiempo, llegar a valorar estos lugares, no me cabe la menor duda, pero eso no significa que las primeras visitas a los museos no sean con frecuencia desalentadoras.

Ésa es una de las razones por las que, cuando los niños me eligieron como su primer Laureado, en 1999, para que realizara este trabajo "de la forma que considerara más adecuada", sugerí la idea de montar una exposición en la National Gallery de Londres y publicar este libro, las dos cosas con el nombre de *Cuéntame un Cuadro*.

Ilustro libros, y a veces los escribo, por eso siempre me han interesado las historias; de ahí que mi primer criterio al elegir las obras de la exposición fuera que tuvieran cierto sentido narrativo. La naturaleza exacta de la historia no está a veces clara, pero, en esos casos, imaginarla resulta una tentación irresistible. De hecho, uno de los principales objetivos de este libro es que el espectador-lector observe y reflexione sobre la historia que se narra en las obras escogidas.

Es frecuente encontrar exposiciones o libros que giren alrededor de autores o movimientos artísticos –Monet, los surrealistas– o que sigan criterios temáticos –como paisajes, bodegones, animales, guerras–. Pero muchas veces esas divisiones tienden a orientar nuestros pensamientos hacia una dirección determinada. Aquí, esto no sucede. Nuestro criterio ha sido establecer simplemente un orden alfabético de autores; no por capricho, sino para que nada nos condicione a creer que una obra es más importante que otra, o más reciente, o más valorada. Invitamos al lector a que observe cada obra sencillamente como lo que es: una obra independiente, descontextualizada.

Así, de forma sencilla, unos niños presentan las pinturas e ilustraciones. Anuncian primero el nombre del artista, luego, pasamos la página y aparece únicamente la obra, sin comentarios (para que el espectador se enfrente a solas con el cuadro y consigo mismo, de modo que su imaginación pueda confrontar su visión con la del artista); en la páginas siguientes, los niños comentan sus impresiones, y la verdad es que casi nunca están de acuerdo. Quizá el lector conozca alguno de los cuadros, pero otros le resultarán absolutamente nuevos. Como a todo el mundo, algunos le encantarán y otros le producirán un rechazo visceral. Luego –una hora, una semana, un año después–, a lo mejor alguien desea saber más sobre estas pinturas y sus autores. Hay una infinidad de sitios donde se puede conseguir información, aunque no es mala idea empezar por las notas que se encuentran al final de este libro. Pero, por favor, ¡que nadie las lea antes de mirar detenidamente los cuadros!

Cuando seleccioné estas obras de arte pensaba en su carácter narrativo como denominador común. Pero eso no significa que no fuera consciente de su categoría intrínseca. De hecho, las historias que sugieren están inseparablemente unidas con la manera de trasmitirlas. Cada una tiene su estilo y su significado. Yo creo que todas son muy buenas.

Creo que veintiséis obras son más que suficiente para empezar; pero fuera de las páginas de este libro hay muchísimas más, de cualquier época y procedencia, que están esperando a que las descubramos; todas ellas, estoy seguro, enriquecerán mucho más nuestras vidas.

Quentin Blake

El primer
cuadro es de
Avercamp

¿Has visto ese señor
que está a punto
de caerse?

Sí, y espero
que no haga
un agujero
en el hielo.

Me dan escalofríos sólo de pensarlo.

B

Nuestro próximo cuadro es de

John Burningham

Vaya donde vaya,
debe hacer un
tiempo horrible.

¿Adónde irá
ese tren?

Pues, a mí me
parece muy emocionante.

C

El siguiente es de

Emma Chichester Clark

¿Qué habrá
en las cajas?

¿Será su
cumpleaños?

Yo creo
que son regalos.

Quizá, pero a él
no parece que le
gusten mucho.

¿Por qué
corre tan
desesperado?

Parece que se
enfrenta a un
gran peligro.

Pues, no sé por qué
el otro se queda
tan tranquilo.

E

Éste es de
Adam Elsheimer

Hay que fijarse
mucho para saber
qué hacen.

Mira, algunos
están completamente
calados.

Como no tengan
cuidado, van a pillar
un buen resfriado.

F

Y éste de
Michael Foreman

¡Quizá sea
magia!

¿Te imaginas
qué sucedería si dejara
caer el cubito
de hielo?

Ese mono
es el más
ingenioso
que he visto
en mi vida.

¿Cómo
lo hace?

G

Es el turno de
Goya

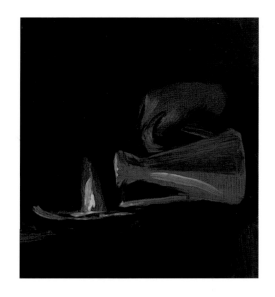

No sé qué
pasa ahí,
pero parece
una pesadilla.

Yo tuve una vez
un sueño
parecido.

Pues yo
espero no
tenerlo nunca.

A mí... ¡me encanta!

¿Estará esperando
a alguien?

Quizá no tenga
a nadie.

A lo mejor lo que quiere
es que le dejen en paz
un ratito.

I
Con ustedes...
Roberto Innocenti

¿Crees que ha visto que hay unos tipos peligrosos escondidos en la esquina?

Un amigo mío vivía en una casa igualita a ésa.

J

Vamos a ver
un cuadro de
David
Jones

Los gansos se van todos juntos a otra parte.

¿Será su hora de cenar?

¿Y por qué ha dejado ella la muñeca tirada en el suelo?

Es posible que ya no la necesite nunca más...

K

de
Ken Kiff

No está
muy contento.
Me pregunto
por qué.

A veces
los payasos
parecen tristes.

¿Qué ha
pasado con
su cuerno?

No sé;
la verdad,
es preocupante.

O fascinante...

¿Por qué esos
señores llevan
máscaras?

A lo mejor raptan
a las señoras.

¡Genial,
más disfraces!

M

Viene ahora
uno de
Monticelli

N

Observa el cuadro de Nomé

¿Tú crees que vive
alguien ahí?
Está prácticamente
en ruinas.

¿Habrá
fantasmas?

Sin duda es un buen
sitio para una aventura.

O

Oh,
uno de
Emily Mary
Osborn

Ella parece muy triste.
¿Cómo será el cuadro?

Nadie compraría <u>eso</u>.

¿Crees que el señor
se lo va a comprar?

P

No te pierdas la pintura de
Piero di Cosimo

¿Qué música es?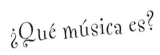

¿Metálica?

¿Hay algún problema
con que suene a metal?

R

Le toca a

Paula Rego

¿Crees que
se han quedado
dormidas?

A veces
yo también hago
de jardinero.

Para mí,
el pelícano
es el mejor
pájaro
del mundo.

S

Vamos con
Gabriel de Saint-Aubin

¿Se pelean en serio o están jugando?

Sería divertido pelear así en la puerta de casa.

T

Te presento a
Giovanni Domenico
Tiépolo

Qué caballito
más encantador.

¿Lo están construyendo
o destrozándolo?

Mmm,
parece
divertido...

U

Uno
de

Uccello

No parece
muy asustada
la dama.

Bah, a mí quien
me da lástima
es el dragón.
¿Qué ha hecho
para merecer
eso?

No me parece nada bien
que trates igual a tu
mascota.

Vale, pero ¿te has
fijado en el
remolino?

V

Vamos a ver el de
Gabrielle Vincent

W

Mira despacio
el cuadro de

Józef Wilkon

¿Se van de
vacaciones?

Me da igual,
yo me voy.

No estoy seguro de que
los animales tengan vacaciones.

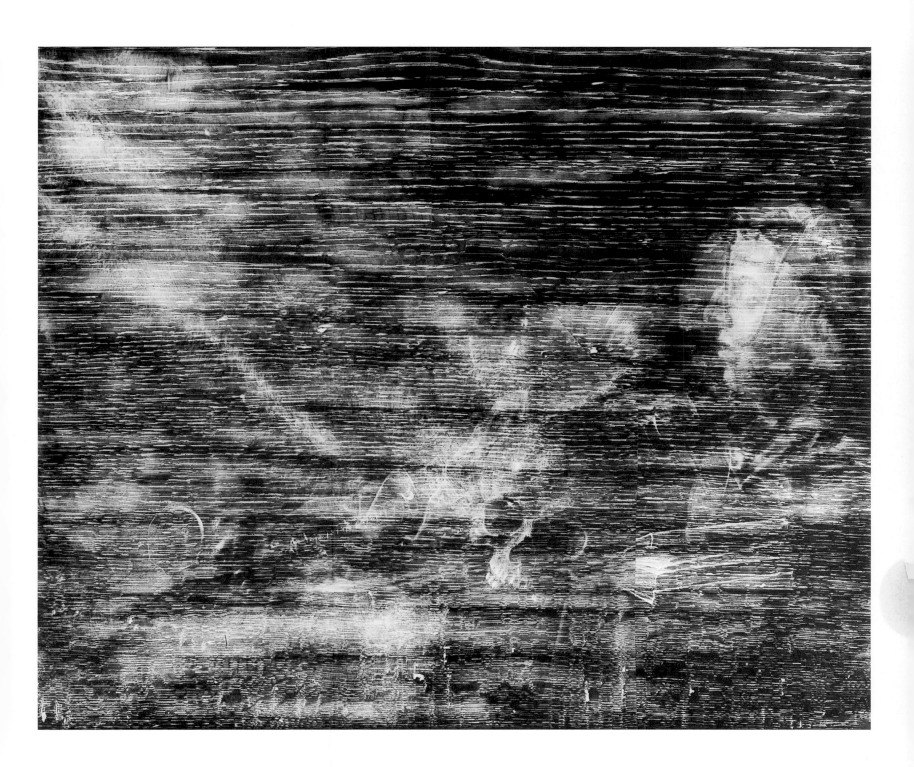

¿Por qué crees
que decidió
cambiarlo?

Parece un
fantasma.

Y

Y allá va
Jack B. Yeats

Z

Por último,
una ilustración de
Lisbeth Zwerger

Soy famoso por mi original
manera de preparar
bocadillos de judías.

Mi especialidad
son los perritos
achicharrados.

Y la mía,
comer.

Me parece
que esta criatura ya ha visto
suficientes cuadros
por hoy.

Pues yo voy a hacer unos
cuantos dibujitos
más.

Aclaraciones finales

Como decíamos al principio, la idea de este libro es aprender a mirar una imagen y descubrir personalmente, de forma espontánea, lo que uno siente, sin tener más información que la sugerida por los comentarios de los niños. No obstante, si te gustan las ilustraciones y cuadros de este libro, y deseas saber más, las notas que vienen a continuación te proporcionan más datos sobre cada cuadro: su procedencia, cómo fueron pintados, en qué época vivieron sus autores. Algunos de ellos están vivos y sus trabajos son recientes, pero otros vivieron hace siglos y en diferentes lugares del mundo.

Esta información puede enriquecer nuestro conocimiento sobre las obras. Pero sin duda, el mayor enriquecimiento personal vendrá de la observación directa, de la experiencia de mirar los cuadros en vivo, tal como son. Los datos que facilitamos en estas notas informan también sobre las medidas de cada obra, la técnica pictórica y la textura de su superficie. En suma: el efecto que causaría su contemplación directa.

Si eres un adulto y vas a visitar una exposición con niños, quizás te vengan bien un par de interesantes consejos. Primero, no te sientas obligado a cometer los errores típicos que comete mucha gente: en la medida de lo posible no te agotes intentando ver todos los cuadros. Eso es demasiado para las piernas y para la cabeza de cualquiera. Resulta mucho mejor escoger dos o tres obras, mirarlas con detenimiento y hablar con los niños sobre lo que han visto y sentido. El segundo consejo: no es muy acertado decir inmediatamente a los niños qué cuadros deben gustarles por real decreto. Resulta más práctico dejar que elijan ellos las pinturas, las miren y se expresen libremente. Sus elecciones pueden sorprendernos, ya que a veces descubren por su cuenta aspectos interesantes que a los adultos pueden pasarnos inadvertidos.

La idea madre de este libro es dejar que los espectadores experimenten una reacción personal al contemplar un cuadro antes de hablar sobre él, al margen de tener o no información sobre el mismo. También es importante que, aunque tú sepas mucho de pintura y los niños te pidan que les expliques los cuadros, dejes antes que los pequeños expresen sus opiniones sobre lo que ven.

Me gustaría puntualizar algo sobre las ilustraciones seleccionadas. No es corriente que se expongan dibujos originales, aunque se puede hablar de ellos igual que de las pinturas. Por eso hemos incluido en este libro algunas ilustraciones. Sin embargo, lo propio de las ilustraciones es verlas en conjunto, no en forma independiente, pues han sido pensadas para ir una detrás de otra, formando todas juntas una historia. Mucho podríamos hablar sobre el proceso creativo de las ilustraciones aquí incluidas, sobre su significación, sobre lo que nos gusta de ellas, etc. En las notas que vienen a continuación incluimos los títulos de los libros de donde proceden, y alguna referencia de otros libros de los mismos artistas.

¡Sigue mirando!

Quentin Blake

Hendrick Avercamp (1585-1634)

Escena de invierno con patinadores cerca de un castillo

Pintado alrededor de 1608-1609, 40,7 cm de diámetro

Esta pintura está llena de pequeñas historias. Entre la gente que camina sobre el hielo, busca un mendigo, una pareja que choca y un hombre que agarra a una patinadora (nos llama la atención por la gente que está a su alrededor y los mira). El castillo es inventado, pero la bandera del barco amarrado junto a él nos revela que estamos en Holanda. Avercamp firmó esta obra con sus iniciales debajo del tocón helado del árbol que hay en el centro del cuadro.

No sabemos mucho sobre Hendrick Avercamp. Nació en Amsterdam, pero pasó la mayor parte de su vida en la ciudad de Kampen, en el norte de los Países Bajos. Era conocido como "el mudo de Kampen" porque no podía hablar, quizás porque también era sordo. Pintó escenas cotidianas de invierno e hizo dibujos en color de personajes de su entorno que conocía bien, como granjeros, pescadores etc.

John Burningham (1936)

De *¡Eh! Bájese de nuestro tren*

Publicado en 1989

Esta espectacular obra representa una escena en la que un niño y su perro conducen un tren de vapor a través de un viaducto de madera sobre el agua. Bajo un cielo oscuro tenuemente iluminado por la luna, salen de la ciudad y comienzan una aventura de ensueño.

John Burningham es uno de los ilustradores más conocidos y premiados de Inglaterra actualmente. Su trabajo rebosa humor y comprensión. Experimenta con distintas técnicas pictóricas creando llamativos paisajes y atmósferas fascinantes, como en este libro, *¡Eh! Bájese de nuestro tren*, patrocinado por la empresa de ferrocarril Great Western Railway, de Japón. Otros álbumes ilustrados famosos publicados por este ilustrador son *Harvey Slumfenburger´s Christmas present* y *Whaddayamean*.

Emma Chichester Clark (1954)

Una aventura amorosa

Pintado en 1997, 160 x 220 cm

Una mujer, joven y alta, ofrece una pila de regalos a un muchacho. Quizás sea por la sorpresa, pero el muchacho parece reacio a aceptarlos. Por el contrario, se inclina hacia atrás apoyándose en el árbol mientras sostiene un puro y mira hacia arriba con suspicacia. Los pájaros imitan la actitud de los dos personajes y sus posturas enfrentadas.

Emma Chichester Clark estudió en Londres, en la Escuela de Bellas Artes de Chelsea y en el Royal College of Art. Comenzó su carrera haciendo ilustraciones para cubiertas de libros y exponiendo su obra en diversas galerías de arte. Ahora es muy conocida su labor como ilustradora de libros para niños. También ha escrito algunos cuentos, como *¡Más!* y *Te amo, canguro azul*. Sin embargo *Una aventura amorosa* no forma parte de ningún libro.

Honoré-Victorin Daumier (1808-1879)
Don Quijote y Sancho Panza
Pintado probablemente antes de 1866, 40,3 x 64,1 cm

Don Quijote era un caballero que protagonizó algunas aventuras extraordinarias, escritas por Miguel de Cervantes en el siglo XVII. En esta pintura, Don Quijote carga fieramente contra un rebaño de ovejas creyendo que se trata del enemigo. Mientras tanto, su criado Sancho Panza espera sentado en su pollino. Quizá aprovecha el tiempo echando un trago, quizá se esté frotando las manos desesperado ante la estupidez de su caballero. En realidad este trabajo no fue más que un boceto preparatorio de una obra posterior.

    Daumier vivió en París casi toda su vida. Ilustraba periódicos satíricos que comentaban la vida política y social de su tiempo. También pintó escenas literarias y mitológicas.

Adam Elsheimer (1578-1610)
San Pablo en Malta
Pintada alrededor de 1600, 16,8 x 21,3 cm

En el Nuevo Testamento de la Biblia (Hechos de los Apóstoles, 28:2-6) se cuenta la historia del naufragio de san Pablo –que aparece pintado con un manto rojo de lino– y algunos compañeros, por culpa de una terrible tormenta, cerca de la isla mediterránea de Malta. Los isleños reciben a los marineros y encienden fuego para que los supervivientes puedan calentarse. Cuando Pablo echó unas ramas a la hoguera, una víbora que huía del calor le mordió la mano. Los lugareños pensaron que debía estar maldito y que aquello era un castigo divino por algún crimen que había cometido; pero Pablo agarró a la víbora y no le sucedió nada, entonces la gente creyó que era un dios. Este cuadro es el más pequeño de los que hemos reproducido en este libro. Vemos un mar tempestuoso con las olas rompiendo en las rocas, y al fondo los restos de la nave naufragada. En primer plano aparecen los supervivientes, unos alrededor del fuego, otros tendiendo sus ropas empapadas.

    Adam Elsheimer nació en Alemania, pero se instaló en Roma, donde se hizo famoso por sus paisajes nocturnos.

Michael Foreman (1938)
De *Seasons of splendour*
Publicado en 1985

Esta pintura muestra una escena de un libro de cuentos populares indios, *Seasons of splendour*, escrito por Madhur Jaffrey. La historia cuenta cómo un mono, llamado Hanuman, parte a una misión, al Himalaya, en busca de unas hierbas mágicas que puedan curar a los heridos del ejército de Rama, el príncipe-dios. El mono llega a las montañas del Himalaya al anochecer, y, como hay poca luz, no puede distinguir unas hierbas de otras. Para no equivocarse, decide llevarse la montaña entera, con todas sus plantas, al lugar donde está el ejército.

    Michael Foreman nació en Lowestoft. Estudió en la Escuela de Arte de Saint-Martin y en el Royal College of Art de Londres. Su preciosista estilo está lleno de un humor que combina con su peculiar sentido de la fantasía. Está considerado como uno de los mejores ilustradores contemporáneos de cuentos populares y de hadas. Entre sus libros destacan *Peter Pan y Wendy*, así como *La radiante princesa y otras leyendas japonesas*.

Francisco de Goya (1746-1828)
Escena de "El hechizado por fuerza"
Pintado en 1798, 42,5 x 30,8 cm

Esta escena está inspirada en una obra de teatro satírica española escrita por Antonio de Zamora en el siglo XVII. Doña Leonora desea casar al tímido y crédulo Claudio con Lucía, pero él se opone, hasta que Doña Leonora lo asusta con un ardid. Le hace creer que su esclava Lucía le ha embrujado y que él permanecerá vivo sólo mientras la lamparilla del dormitorio de Lucía se mantenga encendida. En la imagen, Claudio vierte aceite líquido sobre una lamparilla sostenida por una especie de macho cabrío. En la obra de teatro se llama a la lámpara "lámpara descomunal", el inicio de estas palabras se puede ver escrito en el ángulo inferior derecho del cuadro. Al fondo, en la pared, se intuye una grotesca pintura de burros danzantes que imprimen a la escena un carácter aún más terrorífico.

El español Francisco de Goya es uno de los pintores más geniales y famosos. Trabajó como pintor de cámara de la Casa Real española. Su primer cuadro del rey data de 1786; pero en 1824 se trasladó a Burdeos, después de sufrir una enfermedad que lo dejó sordo. Durante su larga vida pintó gran cantidad de grabados, así como infinidad de retratos y series temáticas (horrores de la guerra, tauromaquia, pinturas negras, etc).

Edward Hopper (1882-1967)
Noche en el parque
Pintado en 1921, 17,8 x 21,3 cm

En este cuadro cargado de atmósfera, un hombre solitario, sentado en un banco del parque, lee un periódico a la luz de la farola. La escena pertenece a una serie de aguafuertes de este artista norteamericano. Edward Hopper se fija principalmente en escenas cotidianas de la vida de su país, ambientadas tanto en la ciudad como en el campo. Todas tienen motivos sencillos: un hombre caminando calle abajo, una mujer asomada a la ventana mirando lo que sucede en la calle, niños que juegan fuera de su casa, etc. Son imágenes simples y directas, en las que desarrolla interesantes estudios de luces y sombras, y en las que se percibe claramente una búsqueda de perspectivas inusuales que dan lugar a imágenes cargadas de emotividad.

Edward Hopper es uno de los más famosos artistas norteamericanos del siglo XX. Nació en Nueva York y estudió ilustración publicitaria y pintura. Desarrolló un estilo propio de composición basado principalmente en masas planas de color y formas geométricas grandes y simples.

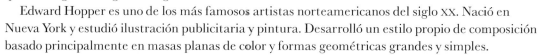

Roberto Innocenti (1940)

De *Las aventuras de Pinocho*
Publicado en 1988

Pinocho es un héroe de madera, una marioneta. Aquí le vemos arrodillado en las escaleras ante una joven asomada a una ventana inalcanzable. A la izquierda de la imagen, acechan dos personajes siniestros.

Esta es una ilustración de la inmortal obra del italiano Carlo Collodi. El *Pinocho* de Roberto Innocenti tiene personalidad propia. Este artista desarrolla con maestría un realismo sombrío. Innocenti ha ilustrado muchos libros, entre otros *Canción de Navidad*, de Charles Dickens, *La cenicienta*, de Perrault, *El cascanueces*, de E.T.A. Hoffman, y *Rosa Blanca*, que trata de la terrible experiencia de una niña alemana durante la ocupación nazi. Innocenti nació cerca de Florencia en 1940. Era autodidacta y empezó su carrera realizando excelentes trabajos como cartelista y diseñador de libros; después se concentró en el ámbito de la ilustración.

David Jones (1895-1974)

Dentro del jardín
Pintado en 1924, 35,6 x 29,8 cm

El cuadro muestra dos figuras abrazadas, que casi pasan inadvertidas por lo que sucede a su alrededor: árboles inclinados que agitan sus ramas trémulas, una bandada de gansos cruzando el cuadro, un extraño camino rojo que se bifurca hacia una casa, y abajo, a la izquierda, una muñeca abandonada en la hierba.

David Jones pintó este cuadro para celebrar su compromiso con Petra, hija del artista Eric Gill. Las dos figuras son el artista y su novia, que entonces todavía no tenía dieciocho años. La muñeca puede ser un símbolo del fin de la niñez de Petra.

David Jones era pintor y poeta. Estudió en la Escuela de Arte de Camberwell, de Londres, y en la Primera Guerra Mundial se alistó en el Real Cuerpo de Fusileros de Gales. Cuando finalizó el conflicto bélico siguió estudiando arte y se unió al grupo de Sussex, junto a Eric Gill. Allí aprendió las técnicas del grabado y estampación, y comenzó a ilustrar libros. Más adelante, experimentó con acuarelas y escribió poesía. Su volumen más famoso, *Entre paréntesis*, fue publicado en 1937.

Ken Kiff (1935-2001)

Payaso

Pintado entre 1996 y 1999, 50,5 x 54,5 cm

En este grabado en color se ve a un payaso que viste un traje decorado con rostros y manos que apuntan al agua, mientras un pez mira hacia arriba. En segundo plano aparece otro personaje que sostiene una especie de martillo y adquiere también cierto protagonismo. El paisaje, con las nubes garabateadas sobre las colinas y las flores pintadas con un solo trazo, conforman un entorno extraordinariamente vivo.

Ken Kiff dibuja, pinta y es grabador. Describe su manera de trabajar como "la música que puede representarse con los materiales de trabajo". Kiff nació en Essex y fue a la Escuela de Arte de Hornsey, en Londres. A partir de 1992 colaboró con la National Gallery.

Pietro Longhi (1701-1785)

La exhibición del rinoceronte en Venecia

Pintado probablemente en 1751, 60,4 x 47 cm

El rinoceronte era una nueva y extraña criatura en Europa cuando fue pintado este cuadro. El rinoceronte que vemos en la imagen lo llevaron a Venecia en 1751 para exhibirlo en el carnaval. Contemplamos al encargado sostener el cuerno del animal en el aire y a los enmascarados mirar a la bestia; también fijan su atención en nosotros, los espectadores.

Pietro Longhi trabajó en Venecia. Pintó pequeñas escenas de la vida aristocrática y de los burgueses venecianos.

Adolphe Monticelli (1824-1886)

Procesión de antorchas

Pintado probablemente entre 1870 y 1886, 30,5 x 48,9 cm

Seguramente los personajes de lujosos ropajes que aparecen en la escena están de carnaval. Al fondo, en la penumbra de la noche, resplandecen las luces de los fuegos artificiales. La procesión se ha detenido para oír la conversación que mantienen las dos figuras de la derecha, mientras que el hombre vestido de blanco les urge a seguir adelante.

Adolphe Monticelli nació en Marsella, pero se formó en París. Pasó muchas horas en el Louvre estudiando a fondo a artistas como Rembrandt, Tiziano y Watteau. Su característico estilo de trazo grueso y denso fue muy admirado por artistas posteriores, como Van Gogh.

François de Nomé (alrededor de 1593-después de 1630)

Ruinas fantásticas con San Agustín y el Niño

Pintado en 1623, 45,1 x 66 cm

La noche en una ciudad imaginaria de edificios magníficos, pero ruinosos, es el escenario de esta pintura ambientada en el siglo IV. San Agustín camina por la costa meditando sobre la Santísima Trinidad (Dios Padre, Hijo y Espíritu Santo) cuando se encuentra a un niño pequeño que intenta vaciar el mar con una caracola en un agujero cavado en la arena. Al decirle Agustín que eso es una tarea imposible, el niño –que es el Niño Jesús– le responde que mucho más difícil es entender el misterio de la Trinidad.

Nomé procedía de Metz, al este de Francia, pero trabajó en Roma y Nápoles. Pintaba principalmente nocturnos y arquitecturas.

Emily Mary Osborn (1834-en torno a 1893)

Sin nombre y sin amigos

Pintado en 1857, 82,5 x 104,2 cm

Una joven artista ha caminado con un niño (quizá su hijo o su hermanito), a través de la lluvia, para visitar a un marchante. Intenta vender sus obras.

Da la impresión de que la mujer es pobre y soltera, pues no luce ninguna alianza. Percibimos su expresión infeliz, pero es aventurado descifrar lo que piensa el marchante de su trabajo. ¿Está impresionado o duda de su calidad? Su ayudante, en la escalera, los mira atentamente. En cambio, los dos hombres de la izquierda están más interesados en la mujer que en su arte.

Quizá este cuadro hace también alusión a las dificultades que tuvieron las mujeres para que las aceptaran como artistas profesionales. Aunque Emily Osborn pintaba en un momento en que las mujeres ya comenzaban a tener algunas posibilidades de formarse como pintoras y exponer sus obras. De hecho, expuso en la Royal Academy de Londres cuando era todavía una adolescente. Y antes de 1855 recibió encargos para pintar retratos. Incluso vendió un cuadro a la reina Victoria, que supo descubrir ese punto sentimental, encantador y costumbrista de sus escenas.

Piero di Cosimo (sobre 1462-después de 1515)

La muerte de Procris

Pintado alrededor de 1495, 65,4 x 184,2 cm

Una ninfa, aparentemente sin vida, yace en la hierba con sangre en la muñeca, la garganta y una mano. Un sátiro –mitad cabra, mitad hombre– arrodillado se inclina delicadamente sobre ella mientras un perro permanece sentado a sus pies. Al fondo se ven otras criaturas, entre otras un pelícano y más perros, jugando en la orilla. No sabemos con exactitud la historia que narra esta pintura, pero podría estar relacionada con el mito de Procris y Céfalo que cuenta el poeta latino Ovidio en sus *Metamorfosis*. Procris murió accidentalmente a manos de Céfalo, su marido, durante una cacería.

Piero di Cosimo era hijo de un orfebre florentino. Sus pinturas destacan por sus paisajes panorámicos y naturalistas. Es probable que este cuadro fuera originalmente la parte trasera de un banco, o bien se utilizara como revestimiento en un palacio de Florencia.

Los hermanos Quay (1947)

Serenato in Vano

Realizado en 1970, 14,3 x 15,1 cm

Tres extraños músicos tocan con instrumentos viejos y poco corrientes. Sus rostros son máscaras, pero en realidad no tienen cabeza. A la derecha hay una figura con armadura que levanta sus manos, pero no tiene brazos...

Los Quay son gemelos. Estudiaron Arte en la Universidad de Filadelfia, en Estados Unidos, y posteriormente en el Royal College of Art de Londres. Desde 1980 han realizado una amplia gama de proyectos, entre otros marionetas animadas y cine experimental. También han diseñado escenarios para ópera, teatro y ballet, y películas para la televisión, en colaboración con el compositor Karlheinz Stockhausen y el coreógrafo Will Tuckett.

El aguafuerte *Serenato in Vano* es un trabajo de juventud que data de sus tiempos en el Royal College of Art.

Paula Rego (1935)
Durmiendo
Pintado en 1986, 150 x 150 cm

Es una escena extraña. Dos muchachas yacen dormidas en la arena mientras una tercera se apoya, como fatigada, en un árbol. La cuarta chica observa de cerca a un pelícano recortado contra un cielo azul pálido. En primer plano, hay un rastrillo y una rama de muérdago que parecen haber sido dejadas allí por las niñas durmientes. Como muchos de los trabajos de Paula Rego, este cuadro cuenta una historia concreta, pero la artista anima a los espectadores a utilizar la imaginación y llegar más lejos.

Según la autora, la pintura está relacionada con la oración y agonía de Jesucristo narrada en el evangelio (Marcos, 14:32-50 y Juan 18:1-12). Antes de que capturaran y crucificaran a Jesús, cuando estaba en el Huerto de los Olivos con los apóstoles, llamó a tres de ellos para rezar. Él se alejó un poco de ellos y, mientras oraba, se le apareció un ángel. Cuando Jesús volvió adonde estaban los discípulos los encontró dormidos, y les reprochó su abandono. En el cuadro, los discípulos serían las "traviesas muchachas", dormidas cuando deberían velar, y a su lado, abandonadas, unas herramientas de jardín. En la imaginería cristiana, el pelícano simboliza el sacrificio de Cristo en la cruz.

Paula Rego nació en Portugal y pasó allí su niñez. Actualmente vive en Inglaterra.

Gabriel-Jacques de Saint-Aubin (1724-1780)
Espectáculo callejero en París
Pintado en 1760, 80 x 64,1 cm

En este escenario al aire libre, dos hombres simulan un duelo. Los mirones reaccionan de diversas maneras ante el espectáculo: la mujer del balcón que luce un parasol rosa parece muy atenta, pero el hombre que está dos ventanas más allá se comporta como si la función fuera en otro lugar. Otros espectadores se muestran más interesados en sus pequeños dramas personales que en la representación.

Gabriel Jacques de Saint-Aubin vivió y murió en París. No pintó muchos cuadros, pero es muy conocido por sus grabados y dibujos.

Giovanni Domenico Tiépolo (1727-1804)
La construcción del caballo de Troya
Pintado alrededor de 1760, 38,8 x 66,7 cm

Los griegos sitiaron Troya durante casi diez años. En un último intento de tomar la ciudad, construyeron un enorme caballo de madera en el que se escondieron las tropas. En la pintura se ve a los hombres trabajando intensamente con martillos y cinceles en la estructura de madera. Al fondo, se levantan las murallas de la ciudad. Seguramente los hombres de la izquierda son los héroes griegos Agamenón y Ulises. Lo más probable es que esta pintura fuera un boceto para un cuadro más grande sobre el mismo tema.

Giovanni Domenico Tiépolo era veneciano, pero también trabajó en Würzburg y Madrid. Su padre y su hermano fueron también pintores.

Paolo Uccello (1397-1475)
San Jorge y el dragón
Pintado en torno a 1460, 56,5 x 74 cm

Este cuadro representa dos episodios de la leyenda de san Jorge, que vivió en el siglo III, al parecer. Fue nombrado patrón de Inglaterra en 1222.

San Jorge venció a un dragón que tenía aterrorizados a los habitantes de una ciudad y rescató a una princesa, cautiva del dragón. Entonces la princesa condujo al dragón a la ciudad, atado a su cinturón azul. Este dragón es una bestia bastante rara: Uccello lo ha pintado sin brazos, y con sólo una de sus extrañas alas. En el horizonte, llama la atención un remolino, quizá para sugerir que san Jorge contaba con la ayuda del cielo. También se distingue una minúscula luna creciente sobre la cabeza del santo. Los alfombrados parches de hierba ayudan a crear perspectiva, efecto pictórico que fascinó siempre a Uccello.

El nombre verdadero de Paolo Uccello era Paolo Doni, pero le llamaban Uccello (que significa *pájaro* en italiano) porque se cree que tenía predilección por los pájaros. Trabajó principalmente en Florencia pintando en soportes de madera y lienzo.

Gabrielle Vincent (1928-2000)
De *Ernestina está enferma*
Publicado en 1987

Una ratita vestida de niña, con un delantal, subida a un taburete, lava la loza en el viejo fregadero de una cocina llamativamente desordenada y sucia. Es Ernestina. Ella y un oso llamado César protagonizan una serie de veinticinco libros de la ilustradora belga Gabrielle Vincent. Las historias en las que aparecen se basan en pequeñas anécdotas, sencillas y cotidianas.

Gabrielle Vincent murió en 2000 a la edad de 72 años. Era, además de ilustradora, pintora, y firmaba sus cuadros como Monique Martin, su verdadero nombre. Ilustró numerosos libros, pero su mayor fama le viene por la creación de los personajes César y Ernestina.

Józef Wilkon (1930)
De *Los murciélagos en el campanario*
Publicado en 1985

Una familia de murciélagos sonrientes lleva su equipaje volando a través del anaranjado cielo del atardecer.

La ilustración está tomada del libro *Los murciélagos en el campanario* (publicado en España como *Los Pipistrelli*), escrito por Eveline Hasler. En él, un incendio obliga a los murciélagos a abandonar su hogar, que estaba en el campanario de una torre. Como estos animales sólo ven de noche, necesitan encontrar un refugio oscuro antes de que amanezca. La ilustración muestra la alegría de los murciélagos cuando descubren una casa con una ventana abierta en el ático.

Józef Wilkon es uno de los más famosos ilustradores polacos contemporáneos de libros infantiles. Utiliza una amplia variedad de técnicas, pero destaca especialmente –como en este cuadro– su virtuosismo y su capacidad de improvisar en el uso de la pintura al pastel. Es muy fácil encontrar ilustraciones de este artista en muchos libros, por ejemplo en *Flores para un muñeco de nieve* y en *La historia del rey lobo* (*wilkón*, en polaco, significa *casa de lobos*).

Harmen Steenwyck (1612-después de 1655)
Radiografía de naturaleza muerta: *Una alegoría de la vanidad de la vida*
Pintado alrededor de 1640, 39,2 x 50,7 cm

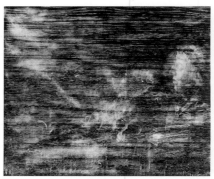

Esta imagen es una radiografía de una pintura. Las radiografías de las pinturas son de gran ayuda para los investigadores, con ellas pueden descubrir cómo han sido realizadas las pinturas. La radiografía de un cuadro muestra los diferentes trazos que el artista ha ido haciendo sobre el lienzo, penetra todas y cada una de las capas de pintura superpuestas, hasta llegar al lienzo virgen. En este cuadro del artista holandés Harmen Steenwyck, vemos en la primera capa el perfil de un rostro fantasmagórico que luego quedó oculto por un ánfora situada a la derecha. Steenwyck comenzó pintando un busto o un retrato, probablemente de un emperador romano, pero debió de cambiar de idea y lo sustituyó por un ánfora. La pintura al óleo, por la gran cantidad de aceite que contiene en su composición, es bastante transparente y se radiografía con facilidad, haciendo visibles las figuras invisibles que están debajo de la capa superficial.

Este bodegón o naturaleza muerta muestra una serie de objetos que representan aspectos banales y efímeros de la vida humana, si los comparamos con los símbolos transcendentes de las verdades eternas de la religión. Cada objeto tiene su significado. Los libros son una alegoría del conocimiento humano. Los instrumentos musicales –un oboe y un laúd– simbolizan los placeres de los sentidos. La espada japonesa y la caracola, objetos raros y caros en el contexto del siglo XVII, serían metáfora de la abundancia. Por último, el cráneo, el reloj y la lámpara apagada –que evocan la muerte, el paso del tiempo y la decadencia– representan la condición efímera y a la vez trascendente de la vida humana.

Jack B. Yeats (1871-1957)
El número de los dos jinetes
Pintado en 1916, 61 x 46 cm

Dos jinetes hacen equilibrios sobre un caballo picazo que da vueltas a la pista del circo. Mientras, un payaso enloquecido les imita junto al caballo. A la derecha, un paisano mira fijamente la escena. Este cuadro está pintado al óleo con densas y gruesas pinceladas.

    Yeats pertenecía a una familia de grandes artistas de origen irlandés. Su padre era retratista; su hermano William, poeta; su hermana Lily, pintora y bordadora, y su otra hermana, Elizabeth, también pintora. Yeats creció en Sligo y comenzó su carrera artística como ilustrador de libros. Más adelante se dedicó a pintar al óleo, especializándose en paisajes y escenas de la vida irlandesa.

Lisbeth Zwerger (1954)
De *La nariz enana*
Publicado en 1993

Un hombre achaparrado con una nariz enorme tiene en la encimera una gran olla metálica rodeada de ingredientes y utensilios de cocina. El extravagante personaje hace su receta en una sartén ante la mirada escéptica de cinco desconfiados cocineros.

    Lisbeth Zwerger nació en Viena, y trabaja como ilustradora *freelance* desde 1977, cuando publicó su primer libro, titulado *El niño extraño*. Luego continuó ilustrando textos de autores clásicos como los Grimm, Andersen, Dickens y Carroll. Sus obras se distinguen por su personalísimo y elegante tratamiento de la línea y un buen gusto en el diseño. *La nariz enana* es un cuento escrito por Wilhelm Hauff.

Dónde encontrar todas las obras

A Hendrick Avercamp, *Escena de invierno con patinadores cerca de un castillo*, National Gallery, Londres.

B John Burningham, ilustración del libro *¡Eh! Bájese de nuestro tren*, publicado por Jonathan Cape, 1989 (© John Burningham. Foto: National Gallery, Londres).

C Emma Chichester Clark, *Una aventura amorosa*, pintura extraída de una colección privada (© Emma Chichester Clark. Foto: National gallery, Londres).

D Honoré-Victorin Daumier, *Don Quijote y Sancho Panza*, National Gallery, Londres.

E Adam Elsheimer, *San Pablo en Malta*, National Gallery, Londres.

F Michael Foreman, ilustración del libro *Seasons of Splendour*, publicado por Pavilion, 1985 (© Michael Foreman. Foto: National Gallery, Londres).

G Francisco de Goya, escena de *El hechizado por fuerza*, National Gallery, Londres.

H Edward Hopper, *Noche en el parque*, The British Museum, Londres (© The British Museum. Foto: The British Museum, Londres).

I Roberto Innocenti, ilustración del libro *Las aventuras de Pinocho*, publicado por Jonathan Cape, 1988 (© Roberto Innocenti. Foto: Roberto Innocenti, Florencia).

J David Jones, *Dentro del jardín*, Tate, Londres (© Síndico de la herencia de David Jones. Foto: Tate 2001).

K Ken Kiff, *Payaso*, Marlborough Graphics, Londres (© Ken Kiff. Foto: Cortesía de Marlborough Graphics, Londres).

L Pietro Longui, *La exhibición del rinoceronte en Venecia*, National Gallery, Londres.

M Adolphe Monticelli, *Procesión de antorchas*, National Gallery, Londres.

N François de Nomé, *Ruinas fantásticas con San Agustín y el Niño*, National Gallery, Londres.

O Emily Mary Osborn, *Sin nombre y sin amigos*, colección privada (© Foto: Cortesía del dueño).

P Piero di Cosimo, *La muerte de Procris*, National Gallery, Londres.

Q Los hermanos Quay, *Serenato in Vano*, colección privada (© The Quay Brothers. Foto: National Gallery, Londres)

R Paula Rego, *Durmiendo*, Arts Council Collection, Hayward Gallery, Londres (© Paula Rego. Foto: Cortesía de Arts Council Collection, Hayward Gallery, Londres).

S Gabriel-Jacques de Saint-Aubin, *Espectáculo callejero en París*, National Gallery, Londres.

T Giovanni Domenico Tiépolo, *La construcción del caballo de Troya*, National Gallery, Londres.

U Paolo Uccello, *San Jorge y el dragón*, National Gallery, Londres.

V Gabrielle Vincent, ilustración del libro *Ernestina está enferma*, publicado por Duculot, 1987 (© Gabrielle Vincent. Cortesía de Casterman Editions, Bruselas. Foto: National Gallery, Londres).

W Józef Wilkon, ilustración del libro *Los murciélagos en el campanario*, publicado por Bohem Press Kinderverlag, 1985 (© Józef Wilkon. Cortesía de Bohem Press, Zurich. Foto: National Gallery, Londres).

X Harmen Steenwyck, radiografía de naturaleza muerta de *Una alegoría de la vanidad de la vida*, National Gallery, Londres.

Y Jack B. Yeats, *El número de los dos jinetes*, National Gallery de Irlanda, Dublín (© Sucesores de Jack B. Yeats. Foto: National Gallery de Irlanda, Dublín).

Z Lisbeth Zwerger, ilustración del libro *La nariz enana*, publicado por North-South Books (© Lisbeth Zwerger. Photo: cortesía de Nord-Süd Verlag, Zurich).